Das süße
Wien

Impressum:
ISBN: 978-3-903113-57-2

echo medienhaus ges.m.b.h.
Produktion: Ilse Helmreich
Layout: Elisabeth Waidhofer
Illustration Cover: shutterstock
Lektorat: Elisabetta De Luca
Herstellungsort: Wien

Besuchen Sie uns im Internet:
www.echomedia-buch.at

Das süße Wien

JOSEF HASLINGER

fotografiert von SABINE HAUSWIRTH

echomedia BUCHVERLAG

Inhalt

Vorwort

In seiner mehr als 150-jährigen Geschichte hat „Julius Meinl" die Wiener Kaffeehauskultur entscheidend geprägt und ist mit seiner großen Tradition bis heute Synonym für alles, was diesen besonderen Habitus ausmacht. Dazu gehört, neben dem Kaffee, auch das zweite Liebkind der Wiener, ohne das die Wiener Kaffeehäuser undenkbar wären: die Mehlspeisen dieser Stadt!

Nicht umsonst sind sie weltweit berühmt, begehrt und mit Wonne genossen: von der Cremeschnitte über das Kokosstangerl, bis hin zum Mohnstrudel – ganz zu schweigen von den zahlreichen kunstvollen Torten, die in Wien ihren Ursprung haben - und auch nur hier zur vollen geschmacklichen Entfaltung kommen.

Ganz im Geiste dieser Tradition lässt auch unser Chef-Pâtissier Josef Haslinger die Klassiker der Wiener Mehlspeisen in seinen Rezepten aufleben. „Das süße Wien" hat nicht zum Ziel, moderne Interpretationen zu kreieren oder mit viel Aufwand dekoratives Chichi anzupreisen – ganz im Gegenteil! Es dient vielmehr als übersichtlich und kenntnisreich gestaltete Anregung, endlich auch zuhause wieder mehr zu backen und so die gute alte Wiener Mehlspeise ganz persönlich zu erleben. Der Spaß am Backen, die Freude am Gelingen und am Ende der Genuss stehen auf der Zutatenliste dabei an oberster Stelle.
Viel Vergnügen beim Nachbacken wünscht
Ihnen Ihr

Udo Kaubek
Geschäftsführer, Meinl am Graben

Das bekommen Sie gebacken, bestimmt!

Eine Ermutigung von Mirjam Jessa

Noch bevor die Augen zu essen beginnen, steigt bereits dieser unwiderstehliche Duft in die Nase, die wohlbekannten Aromen von frisch gebackenen, noch warmen Süßspeisen: Zimt, Zucker, braune Bröseln und die feine Säure frischer Äpfel sind die olfaktorischen Vorboten des Apfelstrudels. Eine Prise Fernweh liefert Kokos stets frei Haus mit, aber wenn sich Karibik und Wachau miteinander in Form einer bildhübschen Marillen-Kokos-Tarte vermählen, lädt das zum Verweilen und sofortigen Verzehr ein. Denn die erfolgreichste Kombination der zivilisierten Welt, Zucker, Fett und Mehl, genauer der Zucker darin, aktiviert unmittelbar das Belohnungszentrum unseres Gehirns. Das gibt uns das Gefühl, wir tun uns etwas Gutes, und vor allem: Wir haben es auch verdient! Wenn der Geruch dann auch noch schöne Kindheitserinnerungen hervorruft, wenn Buchteln, Schlosserbuben, Äpfel im Schlafrock oder Böhmische Dalken den Blick verklären, Guglhupf und Kaiserschmarrn auch das Herz erwärmen, dann – dann wär's halt gut, wenn man sich dieses Glück auch selbst (zu-)bereiten könnte.

Zuckerbäcker aus Berufung

Und genau das war der Anstoß für Josef Haslinger, Zuckerbäcker aus Berufung, zu diesem Buch. Seiner Stammkundschaft im traditionsreichen Gourmet-Treffpunkt „Meinl am Graben" in Wien ergeht es nämlich wie mir: Beim Anblick seiner eindrucksvollen Kuchen, Tartes und Torten, seiner berühmten und heiß begehrten Striezel mit und ohne Rosinen, seines verführerischen Kleingebäcks verlässt einen jeglicher Mut, es selbst mit dem Backen zu wagen. Diese Perfektion schüchtert ein. Kochen kann heutzutage ja fast jeder, aber Backen? Davor haben viele viel zu viel Respekt, oder nennen wir's beim Namen: Versagensangst. Wer soufflиert, wenn dem Soufflé die Luft ausgeht, der Teig sitzen bleibt oder das Eiweiß nicht steif werden will? Aber auch Bedenken wegen des befürchteten Aufwands stellen sich ein, dem zeitlichen wie dem materiellen. Muss da nicht eine Armada an Küchengeräten angeschafft, eine ellenlange Liste von Zutaten besorgt werden? Von manchem hat man noch nie gehört, wo kann man das denn kaufen? Und was passiert mit den angefange-

nen Packerln mit Nüssen, Marzipan oder Mohn? Verbringt man nicht ein ganzes Wochenende in der Küche statt zusammen mit seinen Lieben? Von den Aufräumarbeiten nach der Küchenschlacht ganz zu schweigen. Es soll ja die eine oder andere Kundschaft geben, die Josef Haslingers süße Kunstwerke kauft, um sie dann mit Wissen des Urhebers als ihre eigene Backkunst auszugeben.

Von der Bäckerschaufel zur Backkunst

Josef Haslinger hingegen wusste bereits als kleiner Bub, dass er Konditor werden wollte. Mit seiner Mama zu backen, war für ihn das Schönste. Um seinen Berufswunsch zu verwirklichen, hat er früh viel investiert. Da es bei ihm zuhause, im niederösterreichischen Haag keine geeignete Lehrstelle gab, ist er bereits mit 14 Jahren alleine nach Perg in Oberösterreich gezogen, um dort unter der Woche das Handwerk des Zuckerbäckers von der Pike, also eigentlich von der Bäckerschaufel auf zu lernen. Nur am Wochenende durfte er nachhause fahren. Das war zwar eine sehr harte, sehr strenge Schule, aber er profitiere noch heute davon, erzählt Josef Haslinger nicht ohne Stolz. Extreme Sauberkeit und Ordnung waren und sind ebenso höchstes Gebot wie das strikte Befolgen der Rezepte, eines der wichtigsten Unterscheidungsmerkmale zwischen der Koch- und der Backkunst. Aus diesen wichtigen Lehr- und später auch Wanderjahren resultiert seine anhaltende Faszination, die Freude an seinem Beruf.

Haslingers Glück

Längst ist Josef Haslinger so virtuos, dass er seine neuen Kreationen im Kopf perfekt ausgestalten kann. Er braucht sie dann nur noch genauso umzusetzen. Sie sind gedanklich bereits auf Gramm und Komma fix und fertig konzipiert. Und die Ideen gehen ihm nicht aus, er kann jeden Tag etwas Neues schaffen und ist in der glücklichen Lage, eine Wirkungsstätte zu haben, die diese Kreativität fördert und begrüßt. Das Wichtigste für ihn ist aber der Austausch mit seiner Kundschaft. Die Tür zur Backstube steht bei Josef Haslinger immer weit offen. Da wird über Rezepturen diskutiert, im Wortsinn „Feedback" gegeben, und der Zuckerbäcker erfüllt nach Möglichkeit alle Wünsche. Denn er legt größten Wert darauf, dass jede seiner für einzelne Kunden individuell angefertigten Torten bei ihm ein absolutes Unikat ist. „Jede Torte gibt es nur ein einziges Mal!" Wenn die Augen seiner Klientel dann ob seiner Kunstwerke vor Begeisterung leuchten, ist das sein eigentlicher Lohn. „Ich kann tatsächlich jemanden mit meiner Arbeit glücklich machen." Und das wiederum ist Josef Haslingers Glück, das er in diesem Buch mit uns teilen möchte.

Nudelwalker & Co.

Die Rezepte, die Sie hier finden, entkräften nämlich jedes Argument, das gegen das Selberbacken spricht. Sie sind so einfach wie möglich gehalten. Auch gegen den einen oder anderen Fertigteig hat Josef Haslinger nichts einzuwenden. Zweckmäßigkeit, Verständlichkeit, einfache, zügige Durchführbarkeit stehen für ihn an oberster Stelle. Er entmutigt auch nicht mit unverständlichen Fachbegriffen und als Ausstattung genügt, was in jeder Küche vorhanden ist: Handmixer, Küchenwaage, Brett und Nudelwalker. Bei den Mengenangaben berücksichtigt Josef Haslinger die handelsüblichen Packungsgrößen, um Reste zu vermeiden. Und sollte doch einmal etwas übrig bleiben, gibt es dafür Rezepte für Naschereien, die im Handumdrehen fertig sind wie würzige Käsestangerl, Lachsschnecken oder Marzipan-Mohn-Pralinen. Nur beim Einkaufen, da ist Josef Haslinger an seiner Arbeitsstätte eindeutig im Vorteil, gibt es doch kaum etwas, das es im Delikatessengeschäft „Meinl am Graben" nicht gibt. Spezielle Zutaten wie kandierte Veilchen harren wenige Schritte von Haslingers Backstube entfernt ihrer finalen Bestimmung.

Himmlisches Topfensoufflé

Aber oft genügen als Basis Mehl, Ei, Butter und Zucker. Mit Topfen als Draufgabe lässt sich ein Meisterstück aus Haslingers süßer Welt zubereiten: die Topfensoufflé-Schnitte! Wer sie einmal gekostet hat, kommt nicht mehr von ihr los. Diese luftige Konsistenz als würde man in barocke Wölkchen beißen! Dieses feine Spiel aus leichter Säure vom Topfen und nicht zu viel Süße, die zarten Backaromen und all das auf dünnem mit Marmelade bestrichenen Boden gebettet! Erstaunlicherweise ist das Rezept dafür einfach und lässt sich entspannt am Vortag zubereiten. Unmittelbar vor dem Verzehr noch einmal ins Backrohr schieben und die Topfensoufflé-Schnitten warm genießen. Durch das doppelte Backen schmecken sie sogar noch besser.

Wenn alle Nähte platzen, alle Stricke reißen

Mit „Das süße Wien" lässt sich aber auch trefflich abnehmen, denn die vielen exquisiten Fotos von Sabine Hauswirth, die Josef Haslingers Kreationen in erlesenem Dekor mit zahlreichen liebevollen Details zur Wirkung bringen, sind ein Augenschmaus, der jenem, der durch Leib und Magen geht, in nichts nachsteht, außer in der Kalorienzufuhr. Und so lassen sich auch magere Zeiten mit diesem Buch als bezauberndem Bilderbuch gut überstehen. Wer dieser Verführung standhält, hat reelle Chancen auf nachhaltigen Gewichtsverlust. Sollten Sie dann eines Tages wieder zugreifen dürfen und ausnahmsweise keine Lust oder Zeit zum Selberbacken haben, leistet dieser Band noch immer beste Dienste: Legen sie „Das süße Wien" wie zufällig vergessen, aber doch gut sichtbar, in die Nähe der frisch gekauften Süßigkeit, vielleicht mit einem Stäubchen Mehl dekoriert, vielleicht mit einem hervorlugenden Lesezeichen – keiner Ihrer Gäste wird bezweifeln, dass Sie selbst die Urheberin oder der Urheber der angebotenen Köstlichkeit sind. Daher meine Überzeugung: Sie bekommen das gebacken, bestimmt!

Von Frühling bis Winter

Zutaten

½ Masse Biskuit (siehe Grundrezepte ab S.130)
200 g Topfen • 120 g Staubzucker
1 Packerl Vanillezucker • Schale ½ Zitrone
¼ l Obers • 3 Blatt Gelatine

Zubereitung

Biskuit laut Grundrezept herstellen und in einer Tortenform von 24 cm Durchmesser bei 175 °C ca.35 Minuten backen. Inzwischen den Topfen mit dem Zucker und den Gewürzen vermengen. Dann die Gelatine einweichen, ausdrücken und in die Topfenmasse mischen. Nun das Obers aufschlagen und vorsichtig unter die Masse heben. Jetzt die ausgekühlte Torte einmal quer durchschneiden und einen Teil wieder in den Tortenreifen setzen. Die Topfenmasse auf dem Tortenboden verteilen. Danach den zweiten Teil auf die Torte setzen. ½ Tag in den Kühlschrank stellen und erst vor dem Servieren mit Zucker bestreuen.

Topfen-Obers Torte

Pavlova Himbeere Veilchen

Zutaten

BAISER
200 g Eiklar • 200 g Zucker
½ TL Himbeeressig

CREME
½ l Obers • 80 g Zucker
250 g Himbeeren • 50 kandierte Veilchen
frische Minze

Zubereitung

Das Eiklar etwas aufschlagen, dann 200 g Zucker nach und nach einrieseln lassen und weiterschlagen, bis die Masse steif ist. Nun etwas Himbeeressig unter den Schnee heben und diesen mit einem Spritzbeutel in eine 22 cm große, runde Tortenform dressieren. (Masse reicht für 2 Tortenböden.) Das Ganze für ca. 1,5 Stunden bei 100 °C langsam im Backrohr trocknen lassen. Jetzt das Obers mit 80g Zucker aufschlagen, eine Handvoll Himbeeren daruntermischen und leicht mit einer Gabel durchrühren. Die Himbeer-Obers-Masse nun auf dem abgekühlten Baiserboden verteilen, dann den zweiten Baiserboden darauflegen, den wiederum mit Obermasse bestreichen und mit den restlichen Himbeeren, kandiertenVeilchen und frischer Minze garnieren. Gleich servieren.

Mein Tipp: Die Baisermasse sollte nach dem Backen in der Mitte noch leicht cremig sein.

Zutaten

300 g Mehl • 150 g Mohn
200 g Staubzucker • 500 g Butter • 100 g Dotter
1 Ei • 1 Prise Zimt • 1 EL Rum
Preiselbeerkompott nach Belieben
Schokoladeglasur zum Garnieren

Zubereitung

Die Butter mit dem Zucker und den Gewürzen schaumig rühren. Danach das Ei und die Dotter hinzufügen und einarbeiten. Nun Mehl und Mohn unterheben und die Masse in einem Dressiersack mit einer großen Sterntülle in kleinen Kreisen auf ein Backblech spritzen. Im vorgeheizten Backofen bei mittlerer Hitze für 30 Minuten backen. Zum Füllen Preiselbeerkompott glattrühren und danach immer zwei Kekse damit zusammenfügen. Mit weicher Schokoladeglasur verzieren.

Mohnkreise

Maroni-Bûche

Zutaten

60 g Butter • 4 Eier
90 g Schokolade weich
60 g Zucker •90 g Mehl
80 g Mandeln gemahlen
300 g Maronipüree
70 g Staubzucker
1 EL Rum
1 Packung Vanillezucker
1 Prise Zimt • 100 g Butter
100 g Ribiselmarmelade

Zubereitung

Für den Biskuitfleck 60 g Butter mit der Schokolade chmelzen, und die Dotter dazumischen. Danach das Eiklar mit dem Zucker cremig schlagen und die Schokolademasse mit Mehl und Mandeln unter den Schnee heben. Nun die Biskuitmasse auf ein Papier streichen und bei mittlerer Hitze backen. Vor der Weiterverarbeitung auskühlen lassen. Für die Creme das Maronipüree mit den Gewürzen und 70g Staubzucker aufschlagen. Dann 100 g weiche Butter hinzufügen und gut durchrühren. Nun den Biskuitfleck mit Marmelade bestreichen, die Maronimasse zu 2/3 auf den Teig auftragen und das Ganze zu einer Roulade einrollen. In den Kühlschrank stellen und 2 Stunden rasten lassen. Zum Schluss die Bûche mit der restlichen Creme bestreichen und garnieren.

Linzerstangerl

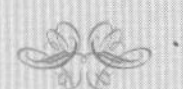

Zutaten

300 g Mehl • 375 g Butter
150 g Zucker • 40 g Dotter
1 Ei • 1 Prise Salz
½ Packerl Vanillezucker

Zubereitung

Mit dem Mixer die weiche Butter mit dem Zucker und den Eiern sowie den Gewürzen schaumig rühren. Dann das gesiebte Mehl unterheben und mit einem Dressiersack mit Sterntülle kleine Stangerl auf ein Backblech spritzen. Diese für ca. 30 Minuten bei mittlerer Hitze im Backrohr backen. Mein Tipp: Man kann jeweils 2 Kekse gemeinsam mit Marmelade füllen und in Schokolade tunken.

Topfensoufflé Schnitte

Zutaten

60 g Mehl • 60 g Butter
60 g Zucker • 1 Ei
1 Prise Vanillezucker
250 g Topfen • 5 Eier
120 g Zucker
1 Prise Vanillezucker
Schale ½ Zitrone

Zubereitung

1 Ei mit je 60g Mehl, Zucker und Butter schaumig schlagen. Den Teig auf ein ca. 25 x 25 cm großes Blech streichen und bei mittlerer Hitze goldgelb backen. Nach dem Backen eine Kapselform (quadrische Tortenform) auf das Biskuit drücken und mit Marmelade Ihrer Wahl bestreichen. Danach einen Dotter mit den Gewürzen und dem Topfen glattrühren. Eiklar mit Zucker cremig aufschlagen und vorsichtig unter die Topfenmasse heben. Die Creme auf dem Biskuit verteilen und ca. 28 Minuten bei 180° backen. Vor dem Servieren anzuckern. Mein Tipp: bei Zimmertemperatur servieren

Nussroulade

Zutaten

6 Eier
175 g Zucker • 100 g Mehl
90 g Walnüsse gemahlen
200 g Butter
120 g Staubzucker
100 g Nougat
100 g Marillenmarmelade

Zubereitung

Die Eier mit dem Zucker schaumig schlagen, Mehl und Nüsse unterheben und das Ganze im vorgeheizten Rohr bei 190° für ca. 15 Minuten backen. Nun die lauwarme Butter schaumig führen, das weiche Nougat und den Staubzucker dazugeben, und zu einer glatten Creme weiterverarbeiten. Zum Schluss den Nussbiskuit mit Marmelade bestreichen, dann die Creme auf 2/3 des Teiges auftragen und zusammenrollen. Für 2 Stunden in den Kühlschrank stellen.
Vor dem Servieren etwas anzuckern.

Zutaten

300 g Maronipüree • 50 g Zucker
300 g Obers • 1 Prise Zimt
1 Prise Vanillezucker
1 EL Rum • 3 Blatt Gelatine

3 Eier • 60 g Zucker
60 g Schokolade • 50 g Butter
120 g Mandeln gemahlen • 30 g Mehl

Zubereitung

BODEN

Die Schokolade mit der Butter im Wasserbad zergehen lassen. Währenddessen das Eiklar mit 60 g Zucker schaumig schlagen. Nun die Dotter zur Schokolade geben. Danach das gesiebte Mehl und die geriebenen Mandelmischung einrühren. Zum Schluss vorsichtig den Schnee unterheben. Die Schoko-Mandel-Masse nun in eine Tortenform von 24 cm Durchmesser gießen und bei 160°C für 40 Minuten backen.

CREME

Das Maronipüree mit 50 g Zucker und den Gewürzen glatt rühren. 3 Esslöffel von der Masse zur Seite stellen. Dann die eingeweichte und aufgelöste Gelatine in die Maronimasse einarbeiten. Danach das Obers aufschlagen und vorsichtig unterziehen. Nun die Creme auf den ausgekühlten Tortenboden streichen. Im Kühlschrank für 3 Stunden kaltstellen.
Vor dem Servieren die Torte mit der restlichen Maronimasse garnieren.

Maronitorte

Zutaten

200 g Mürbteig
(siehe Grundrezepte ab S. 130)
75 g Zucker • 3 Eier
200 g Orangenmarmelade
3 EL Obers
1 Prise Zimt • 1 Packung Vanillezucker
200 g Mandeln gerieben
120 g Orangenschokolade • 120 g Obers

Zubereitung

Zuerst den Mürbteig wie im Grundrezept beschrieben zubereiten, backen und auskühlen lassen. Dann die Orangenmarmelade mit den restlichen Zutaten (bis auf die 120 g Schokolade und 120g Obers) gut vermischen. Die Masse in eine Tarteform von 26 cm Durchmesser füllen und bei mittlerer Hitze für 40 Minuten backen. Nun die ausgekühlte Tarte aus der Form nehmen. Dann die Orangenschokolade im Wasserbad schmelzen, das Obers beimengen und mit einer Gummispachtel zu einer dichten Masse glatt rühren. Acht geben, dass keine Luftbläschen in die Creme eingeschlossen werden. Danach die Schokolademasse auf der Tarte verteilen und mit einem Kamm ein Muster ziehen.

Orangentarte

Vanillekipferl

Zutaten

600 g Mehl
120 g Haselnüsse gerieben
400 g Butter
220 g Staubzucker
2 Eier • 1 Prise Salz
1 Packerl Vanillezucker
1 Prise Staubzucker
zum Bestreuen
1 Packung Vanillezucker

Zubereitung

Das Mehl mit Staubzucker, der kalter Butter, den Eiern und den Gewürzen rasch zu einem glatten Teig kneten und diesen für ca. 1 Stunde im Kühlschrank rasten lassen.
Den Teig dann zu einer Stange rollen und in gleichmäßige Stücke schneiden. Aus den Teigstückchen rasch kleine Stangerl und daraus wiederum kleine Kipferl formen. Diese vorsichtig auf ein Backblech setzen und bei mittlerer Hitze circa 15 Minuten im Backrohr trocknen lassen. Danach den Staubzucker mit einem Packerl Vanillezucker vermischen und die noch heißen Kipferl damit mit einem Sieb bestreuen. Erst nachdem die Vanillekipferl ausgekühlt sind, in eine Keksdose geben.
Nach 1 Woche werden sie mürber.

Teebäckerei

Zutaten

300 g Mehl • 375 g Butter
150 g Zucker • 40 g Dotter
1 Stück Ei • 1 Prise Salz
½ Packerl Vanillezucker

Zubereitung

Erst die weiche Butter, den Zucker, die Eier und die Gewürze schaumig rühren. Dann das gesiebte Mehl unterheben und mit einem Dressiersack mit Sterntülle kleine Kreise auf ein Backblech spritzen. Diese dann für ca. 30 Minuten bei mittlerer Hitze im Backrohr backen.
Mein Tipp: Vor dem Backen mit einem kleinen Löffel einen Tupfen Meinls Marillenmarmelade daraufsetzen.

Kokosstangerl

Zutaten

125 g Zucker • 250 g Butter
300 g Dinkelmehl
250 g Kokosett
Schale ½ Zitrone
2 Eier

Zubereitung

Zuerst den Zucker in einem kleinen Topf langsam zu Karamell schmelzen. Danach die Butter beimengen und gut durchrühren. Die Karamellsauce nun abkühlen lassen und danach in den Kühlschrank stellen, bis die Butter wieder fest ist. Nun das Mehl mit der Kokosett, den Eiern und der geriebenen Zitronenschale vermengen. Dann mit der Karamell-Butter-Mischung zu einem glatten Teig kneten. Nun 1 Stunde im Kühlschrank rasten lassen und danach in gleichmäßige Stücke schneiden. Stangerl daraus rollen, diese leicht plattdrücken, mit Staubzucker bestreuen und dann auf einem mit Backpapier ausgelegtem Blech bei mittlerer Hitze ca. 15 Minuten backen.

Marzipan Mohn-Pralinen

Zutaten

250 g Marzipan
100 g Mohn
200 g Mandeln
70 g Staubzucker
1 Prise Zimt
1 TL Lebkuchengewürz
½ TL Koriander gemahlen
1 EL Rum • 4 EL Obers
200 g weiße Schokoladen-Tunkmasse

Zubereitung

Bis auf die Schokolade alle Zutaten gemeinsam zu einem glatten Teig kneten. Kleine Kügelchen daraus formen und im Kühlschrank für ca. 1 Stunde rasten lassen. In der Zwischenzeit die weiße Tunkschokolade im Wasserbad zergehen lassen. Dann die Kügelchen zur Hälfte in Schokolade tunken und in der Hand rollen, bis die Schokolade sich rund um die ganze Praline verteilt hat. Die Pralinen danach auf ein Papier setzten, um die Schokolade auskühlen zu lassen.
Mein Tipp: Das Wasserbad darf nicht zu heiß sein, da die Schokolade ansonsten klumpt.

Marillen Kokos-Tarte

Zutaten

1 kg Marillen • 150 g Kokosett
100 g Dinkelmehl • 100 g Zucker
150 g Butter • 3 Eier
80 g Milchschokolade
1 Prise Lebkuchengewürz
150 g Zucker für Karamell

Zubereitung

Eine Tarteform von ca. 26 cm Durchmesser mit Zucker im vorgeheizten Backofen karamellisieren lassen. Dann die Marillen waschen, entkernen und auf dem Karamell verteilen, sodass der Boden der Form bedeckt ist. Die restlichen Marillen klein würfelig schneiden. Nun die Milchschokolade hacken und mit den Marillenstückchen vermischen. In einer Schüssel weiche Butter mit Eiern, Zucker und Lebkuchengewürz gut verrühren. Danach das gesiebte Dinkelmehl, die Kokosett sowie die Marillen-Schokolade-Mischung unter die Masse heben. Das Ganze gleichmäßig auf den Marillen in der Tarteform verteilen und im vorgeheizten Backofen bei mittlerer Hitze backen. Etwas überkühlen lassen und danach auf ein Tortenblech stürzten. Am besten lauwarm mit Vanilleeis servieren.

LLOYD

TODS

Torten für jeden Anlass

Zutaten

1 Kakao-Biskuitteig
(siehe Grundrezepte ab S. 130)
250 g Schokolade 45%
350 g Obers
50 g Schokoladeraspeln

Zubereitung

Den Kakao-Biskuitteig zubereiten, in einer Tortenform von 22cm bei mittlerer Hitze für ca. 45 Minuten backen und erkalten lassen. Währenddessen das Obers aufkochen, die Schokolade darin schmelzen und glattrühren. Die Masse nun abkühlen lassen und mit einem Schneebesen etwas aufschlagen. Jetzt die Torte der Quere nach zweimal durchschneiden. Die daraus entstehenden Tortenböden jeweils mit einem Drittel der Schokolademasse bestreichen und übereinander setzen. Mit der restlichen Masse die Torte rundherum bestreichen und mit Schokoladeraspeln bestreuen. In den Kühlschrank stellen und vor dem Servieren etwas anzuckern.

Trüffeltorte

Zutaten

190 g dunkle Schokolade
6 Eier • 175 g Zucker • 125 g Butter
200 g Haselnüsse gemahlen
150 g Sacherglasur
100 g Marillenmarmelade

Zubereitung

Butter mit Schokolade im Wasserbad schmelzen, dann die Dotter und die gemahlenen Haselnüsse beimengen. Jetzt das Eiklar mit dem Zucker aufschlagen und den Schnee unterheben. Am Schluss die Masse ein bisschen zusammenschlagen.Den Teig nun in eine 24 cm große Tortenform füllen und im vorgeheizten Backofen bei 160°C für 1 Stunde backen. Die Torte auskühlen lassen und danach mit heißer Marmelade aprikotieren. Nach 1 Stunde mit Schokolade glasieren. Im Kühlschrank rasten lassen und servieren.

Schokoladen Torte

GLUTENFREI

Heidelbeer Torte

Zutaten

SANDMASSE

2 Eier • 100 g Butter

100 g Zucker • 100 g Mehl

Schale von 1 Zitrone

HEIDELBEERTEIG

200 g Heidelbeermarmelade

3 Eier • 60 g Obers • 120 g Staubzucker

150 g Haselnüsse gemahlen • 80 g Heidelbeeren

HEIDELBEERGELEE

200 g Heidelbeermarmelade • 150 g Wasser

3 g Agar Agar • 150 g Heidelbeeren

250 g Obers zum Garnieren

Zubereitung

Die weiche Butter mit den Eiern, Zucker, Mehl und Zitronenschale 3 Minuten lang mit dem Mixer auf höchster Stufe verrühren. Den Teig in einen Tortenreifen von 24 cm Durchmesser gießen und bei 180 °C für 15 Minuten backen. Nun 200g Heidelbeermarmelade in einer Schüssel mit 3 Eiern und 60g Obers glatt rühren. Dann geriebene Haselnüsse, Heidelbeeren und eine Prise Zimt hinzufügen und mischen. Die Masse nun auf den Tortenboden geben und das Ganze nochmals 35 Minuten bei 180 °C backen. Nachdem die Torte ausgekühlt ist, für das Gelee, Wasser, Heidelbeermarmelade und Agar Agar aufkochen. Frische Heidelbeeren dazugeben, durchmischen und auf die Torte gießen. Danach gut kühlen und mit geschlagenem Obers garnieren.

Zutaten

175 g Zucker • 120 g Mehl
90 g Walnüsse gemahlen
6 Eier • 200 g Butter
3 EL Nusslikör • 90 g Walnusskerne
100 g Zucker • 1 Prise Zimt

Zubereitung

Die Eier mit Zucker und Zimt aufschlagen. Dann die gemahlenen Nüsse mit dem gesiebten Mehl vermischen und vorsichtig unter die Masse heben. Den Teig nun in eine Tortenform von 24cm füllen und im vorgeheizten Backofen bei mittlerer Hitze ca. 45 Minuten backen. Jetzt den Zucker karamellisieren, die Walnusskerne beimengen und auf ein Backpapier leeren. Danach die weiche Butter mit Nusslikör schaumig rühren. Die karamellisierten Walnüsse hacken und unter die Buttermasse heben. Den ausgekühlten Tortenboden einmal durchschneiden und mit der Hälfte der Creme füllen. Die restliche Creme rundherum auf die Torte streichen. Mit Schokoladeraspeln bestreuen.

Walnusstorte

Dobostorte

Zutaten

TEIG

120 g Zucker • 120 g Mehl
60 g Butter • 6 Eier • Schale ½ Zitrone

SCHOKOLADEBUTTERCREME

300 g Butter • 150 g Staubzucker
120 g Schokolade weich
1 Ei • 1 Packung Vanillezucker

GLASUR

180 g Zucker • Saft ½ Zitrone

Zubereitung

Die Eier mit dem Zucker und etwas geriebener Zitronenschale über Wasserdampf schaumig schlagen. Dann vom Feuer nehmen und mit dem Mixer kalt schlagen. Nun das gesiebte Mehl unterheben. Zum Schluss die zerlassene Butter unterziehen. Dann aus Backpapier 8 Kreise mit je 22 cm Durchmesser ausschneiden und den Teig draufstreichen. Die Böden heiß backen und den schönsten als Tortendeckel aufheben. Für die Schokoladecreme weiche Butter mit Staubzucker schaumig rühren und die im Wasserbad zuvor geschmolzene Schokolade mit Vanillezucker unterheben. Durchrühren und zum Schluss das Ei hinzufügen. Mit der Creme die Tortenböden füllen. Den letzten Deckel vor dem Aufsetzen glasieren. Für die Glasur 200 g Zucker schmelzen und mit dem Saft einer Zitrone zu hellem Karamell einkochen. Die Glasur unmittelbar auf den Tortendeckel streichen, den sofort mit einem großen, eingefetteten Messer in fünf gleich große Tortenstücke unterteilen und diese gleichmäßig auf die Torte setzen.

Schokoladen Tarte

Zutaten

½ Masse Mürbteig
(siehe Grundrezepte ab Seite 130)
250 g Schokolade • 2 Eier • 4 Dotter
200 g Butter • 120 g Zucker

Zubereitung

Den Mürbteig zubereiten, ausrollen und eine Tarteform von 26 cm damit auslegen. Im vorgeheizten Ofen backen. Dann Eier, Dotter und Zucker über Wasserdampf schaumig schlagen. Schokolade im Wasserbad zergehen lassen. Kalte Butter hinzufügen und glatt rühren. Nun die geschmolzene Schokolade zur Eiermasse geben, gut einrühren und in die Tarteform gießen. Das Ganze 10 Minuten lang bei 175 °C backen. Abkühlen lassen, in den Kühlschrank stellen und aus der Form nehmen. Zum Schluss mit Schokoraspel garnieren.

Mein Tipp: Den Mürbteig vor dem Backen in der Form ausgelegt für 1 Stunde im Kühlschrank rasten lassen.

Süße Verführung

Zutaten

½ Masse Blätterteig
(siehe Grundrezepte ab Seite 130)
120 g Zucker • 60 g Puddingpulver • ½ l Milch • 1 Vanilleschote
4 Dotter • ½ l Obers 4 EL Marmelade • 200 g Fondant

Zubereitung

Den Blätterteig zubereiten und ca. 3 mm stark ausrollen. Dann im vorgeheizten Rohr bei 200°C goldgelb backen. Für die Vanillecreme das Puddingpulver mit 1/8 l Milch und dem Eigelb glatt rühren. Die restliche Milch mit dem Zucker und der Vanilleschote aufkochen. Das Dottergemisch in die Milch rühren und auf schwacher Flamme unter ständigem Rühren zu einem Pudding eindicken lassen.Den Pudding auskühlen und das geschlagenen Obers unterheben Danach den gebackenen Teig halbieren. Auf einer Hälfte die Creme verteilen, mit der anderen Hälfte wie mit einem Deckel zudecken und leicht andrücken. Mit etwas Marmelade bestreichen und mit Fondant glacieren. Im Kühlschrank kaltstellen.

Cremeschnitte

Zutaten

200 g Zucker • 200 g Eiklar
200 g Haselnüsse gemahlen
1 Prise Zimt • 180 g Butter • 100 g Staubzucker
3 EL Kirschbrand • ½ Masse Vanillecreme
(siehe Rezept Cremeschnitte S. 56)
200 g Fondant • 5 g Schokolade

Esterházy Torte

Zubereitung

Eiklar mit Zucker schaumig schlagen. Haselnüsse und Zimt unterheben und 5 gleichgroße 22cm runde Böden herstellen. Butter in einer Schüssel mit Staubzucker schaumig schlagen. Die kalte Vanillecreme mit Kirschbrand glatt rühren, zur Butter geben und noch etwas aufschlagen. Die Torte schichtweise zusammensetzen. Den obersten Boden mit etwas Marillenmarmelade bestreichen. Mit warmem Fondant glacieren und mit der Schokolade das Esterházymuster ziehen. Kalt stellen.

Zutaten

MÜRBTEIG
150 g Mehl • 75 g Butter
70 g Staubzucker

3 Äpfel • 300 g Holunderblütensirup
100 gZucker • 100 g Mehl • 5 Eier
1 Packung Vanillepuddingpulver
1Limettenschale

Holunderblüten Torte

Zubereitung

Den Mürbteig herstellen und ½ Stunde im Kühlschrank rasten lassen. Dann eine 26 cm große Tortenform damit auslegen. Den Teig leicht mit einer Gabel einstechen und bei mittlerer Hitze backen. Inzwischen die Äpfel schälen, entkernen, in Spalten schneiden und im Holundersirup dünsten. Danach die weichen Äpfel aus dem Sirup nehmen. Nun 2 Eier mit dem Puddingpulver verrühren, mit dem aufgekochten Sirup aufgießen und zu einem Pudding glattrühren. Die Masse noch heiß in die Mürbteigform füllen und die Apfelspalten darin verteilen. Dann die restlichen Eier mit Zucker und Limettenschale aufschlagen. Gesiebtes Mehl darunterheben und auf der Torte verteilen. Bei mittlerer Hitze (ca. 180 °C) backen.

Orangen Lebkuchen Torte

Zutaten

½ Masse Mürbteig
(siehe Grundrezepte ab Seite 130)

LEBKUCHENFÜLLE
200 g Mascarpone • 1 TL Lebkuchengewürz
4 Eier • 120 g Zucker • 3 Orangen

SCHAUM
150 g Obers • 2 Eiklar
60 g Zucker • 1 Blatt Gelatine

Zubereitung

Den Mürbteig zubereiten und eine 26 cm große Tarteform damit auslegen. 2 Stunden im Kühlschrank rasten lassen und bei 190°C backen. Für die Fülle den Mascarpone mit dem Lebkuchengewürz und den Dottern glattrühren. Das Eiklar mit dem Zucker aufschlagen und unter die Mascarponemasse mischen. Danach den Teig in die Tarteform gießen und 45 Minuten bei 180°C backen. Nun die Orangen schälen und filetieren. Die Früchte auf derTorte verteilen. Dann die 2 Eiklar mit dem Zucker aufschlagen, mit aufgelöster Gelatine vermischen und unter das zuvor steif geschlagene Obers heben. Die Masse auf der Tarte verstreichen und im Kühlschrank rasten lassen. Zum Schluss mit kandierten Orangen garnieren.

Zutaten

TORTENBODEN

90 g Eiklar • 90 g Zucker •je 80 g Pistazien und Mandeln gemahlen

CREME

500 g Mascarpone • 400 g Obers • 40 g Weinbrand
200 g Staubzucker • 150 g Eierlikör • 6 Blatt Gelatine
1 Saft Zitrone • Schale von 1 Orange • Makronen zum Garnieren
Grünes Marzipan

Zubereitung

Für den Boden das Eiklar mit Zucker schaumig schlagen. Die Pistazien und Mandeln unterheben und in einer 26 cm runden oder quadratischen Form backen. Für die Creme den Mascarpone mit Weinbrand, Eierlikör, Zitronensaft, Orangenschale und Zucker glatt rühren. Die erweichte Gelantine unterziehen und das geschlagenes Obers vorsichtig unterheben. Auf dem Tortenboden verstreichen und einen halben Tag kühl stellen. Die Torte zum Schluss mit grünem Marzipan eindecken und mit bunten Makronen dekorieren.

Eierlikörtorte

Zutaten

TEIG

200 g Mandeln gerieben • 4 Eier
150 g Zucker • Erdbeermarmelade

BAISERMASSE

120 g Eiklar • 120 g Zucker
120 g geschälte und gemahlene Mandeln

Mandelbaiser Torte

GLUTEN- & LACTOSEFREI

Zubereitung

Die Eier mit dem Zucker schaumig schlagen, die gemahlenen Mandeln unterheben und in einer Tortenform mit 26 cm Durchmesser bei mittlerer Hitze backen. Auf dem Tortenboden Marmelade verstreichen. Dann für das Baiser das Eiklar mit Zucker steif schlagen, die weißen Mandeln unterheben und auf dem Tortenboden gleichmäßig verstreichen. Im vorgeheizten Backofen bei 170°C Unterhitze und 190°C Oberhitze für ca. 25 Minuten backen.

Zutaten

½ Masse Biskuit
(siehe Grundrezepte ab Seite 130)

FÜLLE
300 g Holunderblütensirup
150 g Milch • 100 g Tabioka
2 Blatt Gelatine • 250 g Obers
250 g Beeren nach Saison

Zubereitung

Zuerst den Biskuitfleck herstellen.
Dann Tabioka in Holundersirup und Milch in einem Topf aufkochen, zur Seite stellen und ziehen lassen.
Nach dem Auskühlen weiche Gelatine unterziehen und zum Schluss geschlagenes Obers unterheben. Die Masse auf das Biskuit streichen, Beeren darüberstreuen und eine Roulade formen. In den Kühlschrank stellen und 2 Stunden rasten lassen.

Beerenroulade

Zutaten

½ Teig Blätterteig
(siehe Grundrezepte S. 130)
6 Äpfel
200 g Haselnüsse gemahlen
50 g Rosinen • 2 EL Rum
4 cl Milch
½ l Vanillesauce
(siehe Grundrezept Pudding Cremeschnitte S.56, mit Milch verlängert)

Apfel im Schlafrock

Zubereitung

Die Äpfel schälen und entkernen.
Die Nüsse mit dem Rum, Milch, Rosinen und etwas Zimt vermischen. Dann die Äpfel damit befüllen. Nun den Blätterteig ca. 3 mm dünn ausrollen und in ca. 12x12cm große Quadrate schneiden. Die Äpfel jeweils in die Mitte setzen und die Teigecken darüber schlagen. Dünn mit Ei bestreichen und bei mittlerer Hitze ca. 20-25 Minuten backen. Mit Vanillesauce servieren.

Grießflammerie

Zutaten

¼ Liter Milch
50 g Grieß • 50 g Zucker
Schale von 1 Orange
1 Blatt Gelatine
250 g Obers
1 Glas Marillenröster
Schokoladeraspel

Zubereitung

Die Milch mit der Orangenschale und dem Zucker aufkochen. Den Grieß einrieseln lassen und auf kleiner Flamme zugedeckt kochen. Vom Herd nehmen, Gelatine und Saft der Orange dazugeben, auskühlen lassen. Nun das geschlagene Obers unterheben. In Gläser oder Schüsserln den Marillenröster aufteilen. Die Grießmasse darauf geben und im Kühlschrank 3 Stunden rasten lassen. Vor dem Servieren mit etwas Schokoladeraspeln garnieren.

Panna Cotta

Zutaten

½ l Obers
80 g Zucker
4 Blatt Gelatine
1 Stück Vanilleschote

Zubereitung

Das Obers mit dem Zucker und der Vanilleschote aufkochen, dann die eingeweichte und ausgedrückte Gelatine dazugeben und abkühlen lassen. Danach die Vanilleschote aus der Masse nehmen, einschneiden und das Mark auskratzen, um es wieder in die Milch zu geben. Zum Schluss das Ganze mit einem Schneebesen durchrühren und in Gläser abfüllen. Im Kühlschrank 3 Stunden erkalten lassen. Mit Obst garnieren und servieren.

Vanillekipferl Tiramisù

Zutaten

250 g Mascarpone
5 Eier • 200 g Zucker
1 Stück Vanilleschote
300 g Vanillekipferl
4 EL Rum
Kakaopulver

Zubereitung

Den Mascarpone mit den Dottern und der ausgekratzten Vanilleschote glatt rühren. Das Eiklar mit Zucker zu einem festen Schnee schlagen und vorsichtig unter die Dottermasse heben. Nun ein Drittel der Masse in Gläser füllen, mit Vanillekipferln bedecken und Rum beträufeln. Dann nochmals mit je einer Schicht Creme und dann wieder Vanillekipferln bedecken. Zum Schluss nochmals Creme draufgeben und im Kühlschrank 2 Stunden ziehen lassen. Vor dem Servieren mit Schokoladeraspel oder Kakaopulver bestreuen und mit Vanillekipferln garnieren.

Zur Jause

Reindling

Zutaten

½ Masse Germteig
(siehe Grundrezepte ab S. 130)

FÜLLE:
360 g zu gleichen Teilen
Rosinen, Marillen,
Dörrpflaumen-
Nüsse und Aranzini-
4 EL Rum

Zubereitung

Den Germteig nach Rezept herstellen.
Dann die Trockenfrüchte zerkleinern und in Rum einlegen.
Den Teig ausrollen, die Früchte darauf verteilen und einrollen.
Das Ganze nun in eine Form (Reindl) geben und gehen lassen.
Vor dem Backen mit Butter bestreichen und Zucker bestreuen.
Dann im vorgeheizten Backofen bei
mittlerer Hitze backen.

Mohnstrudel

Zutaten

½ Teig Germteig
(siehe Grundrezepte ab S. 130)
200 g Mohn • 120 g Brösel
80 g Zucker • 40 g Honig
Schale ½ Zitrone
1 Prise Zimt • 1 EL Rum
50 g Rosinen
125 g Mich

Zubereitung

Den Germteig laut Rezept herstellen.
Dann die Milch mit Zucker und Honig aufkochen. Gewürze,
Mohn und Brösel dazugeben und etwas abrösten.
Danach die Masse abkühlen lassen.
Nun den Teig ausrollen, Mohnfülle darauf verteilen und
zusammenrollen. An einem warmen Ort den Teig
aufgehen lassen, mit Ei bestreichen und bei 175 °C
ca. 40 Minuten backen.

Kokosbrioche
VEGAN

Zutaten

400 g Kokosmilch
100 g Kokosett
500 g Dinkelmehl
140 g Zucker
1 Packung Trockenhefe
Schale ½ Zitrone

Zubereitung

Den Zucker in einem heißen Topf karamellisieren und danach mit Kokosmilch ablöschen. Am Herd stehen lassen, bis sich der Zucker komplett aufgelöst hat. Dann abkühlen lassen. Danach Mehl mit Kokosett und Hefe mischen, Kokosmilch und Zitrone dazugeben und einen glatten Teig daraus kneten. An einem warmen Ort gehen lassen. Den Teig nochmal zusammenschlagen, in drei gleiche Teile teilen und einen Striezel flechten. Den Striezel dann nochmals gehen lassen. Vor dem Backen mit Wasser bestreichen und grobem Zucker bestreuen. Im Backofen bei mittlerer Hitze für ca. 30 Minuten backen.

Topfenstrudel aus Germteig

Zutaten

½ Masse Germteig
(siehe Grundrezepte S. 130)
250 g Topfen • 70 g Butter
70 g Staubzucker
3 Eier • Saft ½ Zitrone
1 Semmel
1 Prise Salz
1/2 Packerl Vanillezucker

Zubereitung

Den Germteig nach Grundrezept herstellen. Dann Butter, Staubzucker und die Gewürze schaumig schlagen. Abwechselnd Topfen und Eier unterrühren. Zum Schluss eine klein geschnittene (altbackene) Semmel unterheben. Dann den Teig auf die Länge des Backbleches und 20 cm breit ausrollen. Die Topfenmasse darauf verstreichen und einrollen. Auf ein Backblech setzen und nochmals ½ Stunde gehen lassen. Vor dem Backen mit einer Nadel einstechen (stupfen), mit Butter bestreichen und im vorgeheizten Backofen bei mittlerer Hitze backen.

Zutaten

500 g Vollkornmehl • 100 g Butter
150 g Milch • 1 Ei • 40 g Dotter • 20 g Weinbrand
100 g Eierlikör • 1 Packung Vanillezucker
120 g Staubzucker • 100 g Milchschokolade
50 g Mandeln gehobelt geröstet
1 Packung Trockenhefe • Butter zum Bestreichen und grober Zucker zum Bestreuen nach dem Backen

Zubereitung

Das Mehl mit der Trockengerm vermischen. Milch mit Butter, Zucker, Vanillezucker sowie Weinbrand und Eierlikör in einem Topf erwärmen. Dann das Milchgemisch zum Mehl geben und einen Teig kneten. An einem lauwarmen Ort gehen lassen. Die restlichen Zutaten dazumischen und einen glatten Teig kneten. Dann den Teig in drei gleich große Stränge teilen. Nun einen Zopf flechten und diesen zu einem Kranz drehen. (Wenn sie eine Kranzform haben, ausbuttern und den Teig einlegen). Danach noch einmal ½ Stunde gehen lassen und bei 180°C für ca. 45 Minuten backen. Nach dem Backen sofort mit Butter bestreichen und dem groben Zucker bestreuen.

Osterkranz

Kaiserzwieback

Zutaten

500 g Mehl • 150 g Zucker
150 g Butter
1 Pack. Trockenhefe
¼ l Milch
1 Ei • 40 g Dotter
Schale ½ Zitrone
1 Packung Vanillezucker

Zubereitung

Die Trockengerm in lauwarmer Milch mit Zucker auflösen. Dann das Mehl mit den Gewürzen mischen, Butter und Milch dazugeben, und einen festen Teig kneten. Den Teig einmal aufgehen lassen und dann zusammenkneten. Danach in eine Kastenform füllen und nochmals gehen lassen. Jetzt bei mittlerer Hitze langsam backen. Nach zwei Tagen in Scheiben schneiden, langsam bähen und vor dem auskühlen mit Staubzucker bestreuen. Ganz auskühlen lassen und danach in einer Dose aufbewahren.

Malakoffterrine

Zutaten

MANDELBUTTERCREME
100 g Butter
100 g Staubzucker
80 g Mandeln weiß gem.
1 Ei • 4 EL Rum
Biskotten zum Garnieren
Schokoraspel
200 g Obers

BISKUIT
1 Ei • 50 g Mehl
50 g Zucker • 50 g Mehl

Zubereitung

Den Biskuitteig herstellen und auf ein Blech streichen. Danach bei mittlerer Hitze backen. Nun die lauwarme Butter mit der Hälfte des Zuckers schaumig rühren. Den Dotter mit den Mandeln und zum Schluss den Eischnee unter die Buttermasse heben. Eine Terrinenform mit Küchenfolie auslegen und den Biskuitboden einlegen. Nun einen Teil der Creme einfüllen, mit Biskotten abdecken und Rum beträufeln. Danach mit einer weiteren Schicht Creme und Biskotten belegen und im Kühlschrank für 3 Stunden kalt stellen. Zum Schluss die Terrine stürzen, mit geschlagem Obers einstreichen und mit Biskotten und Schokoladeraspeln garnieren.

Marillenkuchen

Zutaten

Sandmasse
(siehe Grundrezepte
ab S. 130)
1 kg Marillen
80 g Mandeln gehobel
Zimtt

Zubereitung

Eine Sandmasse laut Grundrezept herstellen.
Dann die Marillen waschen, abtrocknen, halbieren und entkernen. Den Teig auf ein Blech streichen, die Früchte darauf verteilen, mit Zimt und Mandeln bestreuen und bei mittlerer Hitze backen.

Eierlikör Gugelhupf

Zutaten

180 g Butter
70 g Staubzucker
4 Eier • 120 g Kristallzucker
250 g Mehl • 90 g Eierlikör
40 g Weinbrand

Zubereitung

Butter mit Staubzucker schaumig rühren.
Dann die Dotter mit Eierlikör und Weinbrand abmischen. Nach und nach zur Buttermasse geben und mit dem Mixer auf langsamer Stufe vorsichtig rühren. Danach das Eiklar mit Zucker zum Schnee schlagen. Das Mehl mit dem Schnee vorsichtig unter die Masse heben. In eine ausgebutterte Gugelhupfform füllen und bei 180 °C für 1 Stunde backen.

Mohnstrudel

VEGAN

Zutaten

400 g Mehl • 150 g Mohn
300 g Mandelmilch
1 Packung Trockenhefe
1 Packung Zimt
1 Packung Vanillezucker
150 g Zucker • 2 Esslöffel Rapsöl
Schale ½ Zitrone
1 Glas Zitronenmarmelade

Zubereitung

Die Mandelmilch mit Zucker und Öl erwärmen. Dann die Trockenhefe darin auflösen und unter die Mehl-Mohnmischung gießen. Nun die Gewürze beimengen und alles zu einem glatten Teig kneten. Den Teig an einem warmen Ort ½ Stunde rasten lassen und dann noch einmal zusammenkneten (wodurch eine feinere Porung entsteht). Danach den Teig ca. ½ cm dünn ausrollen, mit Marmelade bestreichen und einrollen. Zugedeckt noch einmal gehen lassen. Dann im vorgeheizten Backofen bei mittlerer Hitze ca. 25 Minuten lang backen. Zum Schluss mit Mandelmilch einpinseln.

Häppchen süß & salzig

Tomatenecken

Zutaten

TEIG

370 g Mehl • 250 g Topfen
80 g Butter • 1 Ei
5 g Salz • 1 Prise Zucker
1 Prise Backpulver

FÜLLE

100 g getrocknete eingelegte Tomaten
60 g grüne Oliven
100 g Frischkäse
2 Scheiben Toast würfelig geschnitten
Salz, Pfeffer, Basilikum

Zubereitung

Alle Zutaten für den Teig kneten und rasten lassen. Für die Fülle Tomaten und Oliven klein schneiden, mit dem Frischkäse und den Gewürzen mischen. Zum Schluss das Toastbrot unterziehen. Teig ausrollen und Quadrate von 8 x 8 cm schneiden. Ränder mit etwas Wasser bestreichen auf eine Hälfte der Fülle geben und zusammenschlagen, den Rand zusammendrücken, damit der Teig beim Backen nicht aufgeht. Im vorgeheizten Backofen bei mittlerer Hitze backen.

Gorgonzola Tascherl

Zutaten

½ Teig Blätterteig (siehe Grundrezept ab S. 130)

FÜLLE

1 Ei • 80 g Butter
125 g Topfen
200 g Gorgonzola
100 g Walnüsse gehackt
Salz nach Geschmack
etwas Petersilie

Zubereitung

Den Blätterteig nach Grundrezept herstellen. Für die Fülle Butter schaumig schlagen, das Ei und Gewürze mitrühren. Topfen und Gorgonzola zur Butter mischen. Den Teig ausrollen und Quadrate schneiden. Die Fülle darauf verteilen, Ecken mit Wasser bestreichen und zu Tascherl zusammenschlagen. In der Mitte der Tascherl den Teig etwas andrücken, damit Sie beim Backen nicht aufgehen. Vor dem Backen mit Ei bestreichen und bei ca 210° für 12-15 Minuten backen. Statt Gorgonzola kann man auch Tilsiter oder Chesterkäse verwenden. Mit Petersilie nach Geschmack verfeinern.

Käsestangerl

Zutaten

½ Menge Blätterteig (siehe Grundrezepte ab S. 130)
200 g Käse gerieben
1 Prise Paprika
1 Prise Kümmel
Salz und Pfeffer

Zubereitung

Den Blätterteig laut Rezept herstellen. Feingeriebenen Käse nach Wahl mit den Gewürzen mischen. Blätterteig länglich ausrollen (Breite ca. 12cm). Mit verquirltem Ei bestreichen, den Käse darauf verteilen und etwas andrücken. Danach ca. ½ cm dicke Streifen schneiden und deren Enden gegeneinander drehen. Die Stangerl auf ein Blech mit Backpapier geben und bei 210°C backen, bis sie eine goldgelbe Färbung haben.

Grammel Pogatscherl

Zutaten

400 g Mehl
250 g Grammeln gerieben
75 g Butter
1 Packerl Trockengerm
1 Prise Salz
1 Ei • 40 g Dotter
175 g Milch
125 g Weißwein
1 Prise Paprika
1 Prise Pfeffer

Zubereitung

Aus allen Zutaten einen Teig kneten und diesen zugedeckt eine Stunde rasten lassen. Dann wie beim Plunderteig einfache Touren machen (zwischen den Touren in den Kühlschrank stellen). Nach der letzten Tour noch mal kurz rasten lassen (das ist wichtig, damit der Teig entspannen kann), dann den Teig ausrollen und in gleichmäßige Stücke schneiden. Auf ein Backblech mit Papier setzen und nochmals gehen lassen. Vor dem Backen mit Ei bestreichen und bei mittlerer Hitze backen. Vom heißen Blech nehmen, damit sie nicht austrocknen. Können ein paar Tage in einer Dose aufgehoben werden.

Lachsschnecken

Zutaten

½ Menge Blätterteig
200 g Räucherlachs
100 g Mozzarella
Salz Pfeffer und etwas
Petersilie

Zubereitung

Räucherlachs fein hacken, Mozzarella klein schneiden, mit Salz, Pfeffer und gehackter Petersilie unter den Lachs mischen. Blätterteig auf 3mm längliche Platte ausrollen. Lachsmischung auf den Teig verteilen und zu einer Rolle formen. Dann ca. 2cm große Stücke herunterschneiden etwas flach drücken und auf ein Papier geben. Bei 200 °C backen. Warm servieren.

Schinkenkipferl

Zutaten

TEIG
500 g Dinkelmehl
120 g Butter • 1 Prise Zucker
1 Packerl Trockengerm
40 g Dotter • 5 g Salz
350 g Wasser

SCHINKENBUTTER
250 g Schinken
klein geschnitten
200 g Butter
Salz und Pfeffer
Knoblauch

Zubereitung

Den gehackten Schinken mit den Gewürzen sowie der Butter vermischen und zu einem Ziegel formen. Kaltstellen. Für den Teig Trockengerm im lauwarmen Wasser auflösen, dann mit den restlichen Zutaten zu einem glatten Teig kneten. Den Teig vor dem Rasten kreuzförmig einschneiden. Nun den Teig ausrollen, den Schinkenbutterziegel einschlagen und dem Teig eine einfache Tour geben. Rasten lassen und nochmals eine Tour machen. (Einfache Tour bedeutet den Teig ausrollen und dreimal übereinanderschlagen). Nach dem Rasten den Teig länglich ausrollen, in Dreiecke schneiden und zu Kipferln drehen. Diese an einem warmen Ort gehen lassen und mit einem Ei bestreichen. Dann bei mittlerer Hitze backen.
Mein Tipp: Die Kipferl ungebacken einfrieren, vor dem Gebrauch auftauen lassen und dann erst backen.

Zwiebelmonde

Zutaten

250 g Mehl • 80 g Butter
80 g Schmalz • 1 Ei
Salz nach Geschmack
Wasser nach Bedarf
400 g Zwiebel
100 g Speck • Knoblauch

Zubereitung

Alle Zutaten zu einem glatten Teig kneten.
Falls nötig etwas Wasser dazugeben, damit er schön glatt wird. Dann rasten lassen. In der Zwischenzeit geschälte, geschnittene Zwiebel mit dem würfelig geschnittenen Speck in einer Pfanne anbraten. Zum Schluss Knoblauch dazugeben. Salzen und pfeffern. Danach den Teig ausrollen und mit einem Ausstecher (Größe nach Wahl) Kreise ausstechen. Rand mit Wasser bestreichen. Auf die Hälfte des Teiges etwas ausgekühlte Fülle setzen und zu Halbmonden zusammenschlagen. Vor dem Backen mit Ei bestreichen und bei mittlerer Hitze backen.

Zutaten

1 Masse Kakao-Biskuit (siehe Grundrezept ab S. 130)
½ L Obers • 250 g Schokolade 45%
150 g Weichseln • 50 g Zucker • 1 TL Maisstärke
Dekoration: Schokoladeraspeln und Kirschen

Zubereitung

Das Biskuit laut Grundrezept zubereiten, auf ein Blech streichen und backen. Dann die Schokolade im Wasserbad zergehen lassen und mit der Hälfte des Obers glattrühren und etwas abkühlen lassen. Kleine Törtchenreifen mit Folie auslegen. Aus dem Biskuit 16 Böden ausstechen. Biskuitabfälle trocknen. Nun die Weichseln mit Zucker aufkochen, mit Maisstärke binden und kaltstellen. Nun einen Biskuitboden in einen jeden Reif geben, mit Schokoladecreme einen Ring ziehen und in der Mitte mit Weichseln füllen. Mit einem Tupfen geschlagen Obers zudecken und mit einem Biskuitboden wieder abdecken. Im Kühlschrank ca. 2 Stunden kaltstellen. Zum Schluss die Törtchen aus den Reifen nehmen und mit trockenen Biskuitbröseln bestreuen. Das restliche Obers nun in einen Spritzbeutel füllen und die Törtchen garnieren. Mit Schokoladeraspeln und Kirschen belegen.

Schwarzwälder Törtchen

Brownies

Zutaten

100 g Butter
180 g Staubzucker
2 Eier • 150 g Mehl
90 g Walnusskerne
90 g Walnüsse gemahlen
40 g Kakao

Zubereitung

Die lauwarme Butter mit Zucker schaumig schlagen. Dann die Eier nach und nach beimengen. Nun das Mehl mit Kakao sieben und mit den Nüssen einmehlieren. Zum Schluss die Masse in eine Form (20 x 20 cm) streichen und bei 160°C ca. 25 min backen.

Indianer

Zutaten

INDIANERMASSE
80 Gramm Zucker
70 g Mehl
40 g Maisstärke
Maisstärke • 5 Eier

300 g Obers
100 g Marillenmarmelade
100 g Schokoladefondant

Zubereitung

Für die Indianermasse die Dotter mit der Hälfte des Zuckers schaumig rühren. Dann das Eiklar mit dem restlichen Zucker steif schlagen. Nun das Mehl mit der Maisstärke sieben und gemeinsam mit dem Schnee unter die Dottermasse heben. Mit einer glatten Tülle auf ein Papier ca. 5 cm große Halbkugeln dressieren und bei 170°C für ca. 20 min backen. Das Rohr ein paar Millimeter offen lassen, damit der Dunst entweichen kann. Danach immer 2 Kuppeln zusammenfügen. Innen leicht eindrücken. Den Deckel jeweils mit warmer Marillenmarmelade bestreichen und mit Schokoladefondant glasieren. Auf die Böden hingegen das geschlagene Obers verteilen und dann die glasierten Kappen daraufsetzen.

In meiner Küche

MEINL'S
MARILLE

Palatschinken

Zutaten

FÜR 2 STÜCK
70 g Mehl
1/8 l Milch
1 Ei
Marmelade
Öl zum Backen

Zubereitung

Die Milch mit dem Ei glatt rühren. Das Mehl dazugeben und einen dünnflüssigen Teig herstellen. Diesen durch ein feines Sieb gießen. Eine beschichtete Pfanne mit etwas Öl bestreichen und ca. 1 Schöpflöffel voll Teig hineingießen. Die Pfanne dabei etwas drehen, damit der Teig auf regelmäßig dünn verläuft. Nach dem Anbacken die Palatschinke mit einem Pfannenheber wenden und fertig backen. Noch heiß mit der Marmelade Ihrer Wahl bestreichen und einrollen. Mit etwas Staubzucker servieren.

Kaiserschmarren

Zutaten

100 g Mehl
125 g Mich • 2 Eier
1 Prise Salz • 50 g Zucker
20 g Rosinen
1 Prise Vanillezucker
1 EL Rum
1 Glas Kompott oder Zwetschkenröster

Zubereitung

Die Milch mit Dotter, Gewürzen und Mehl glatt rühren. Damm das Eiklar mit Zucker cremig schlagen. Den Schnee unter die Dottermasse heben. Eine Pfanne mit Butter ausstreichen. Die fertige Masse in die heiße Pfanne geben, Rosinen darüber streuen und anbacken lassen. Danach die Masse mit einem Pfannenheber wenden und im Rohr bei 210°C ca. 12-15 Minuten backen. Am Schluss den Kaiserschmarren aus dem Rohr nehmen und die Masse mit zwei Gabeln zerreißen. Auf einem Teller anrichten und anzuckern. Mit Kompott Ihrer Wahl servieren.

Birnen-Mohnkuchen

Zutaten

100 g Mohn
200 g Staubzucker
200 g Mehl • 200 g Butter
4 Eier • 1 Prise Zimt
1 Prise Vanillezucker
1 EL Rum
1 kg reife Birnen

Zubereitung

Die lauwarme Butter mit Staubzucker und den Gewürzen schaumig schlagen. Dann Eier, Mehl und Mohn dazugeben und auf langsamer Stufe ca. 2 Minuten rühren. Die Birnen schälen, entkernen und grob blättrig schneiden. Die Masse auf ein Blech mit Rand (30x30 cm) streichen. Die Birnenscheiben auflegen und im vorgeheizten Rohr bei 185°C für ca. 40 Minuten backen.

Gedeckter Apfelkuchen

Zutaten

½ Masse Mürbteig
(siehe Grundrezepte S.130)
1,5 Kg Äpfel
150 g Brösel
120 g Zucker • 1 Prise Zimt
1 Prise Vanillezucker
1 EL Rum
50 g Rosinen
Saft ½ Zitrone

Zubereitung

Den Mürbteig herstellen und ca. 2,5 mm dünn ausrollen. Dann zwei gleichgroße Platten daraus schneiden. Eine Platte auf ein Backblech geben und bei mittlerer Hitze ca. 13 Minuten backen. Dann die Äpfel schälen, entkernen sowie blättrig schneiden und mit den restlichen Zutaten vermischen. Die Masse auf dem gebacken Mürbteig verteilen. Dann die andere Platte darauflegen, etwas andrücken und mit einem Ei bestreichen. Im vorgeheizten Backofen bei 190° für ca. 45 min backen.

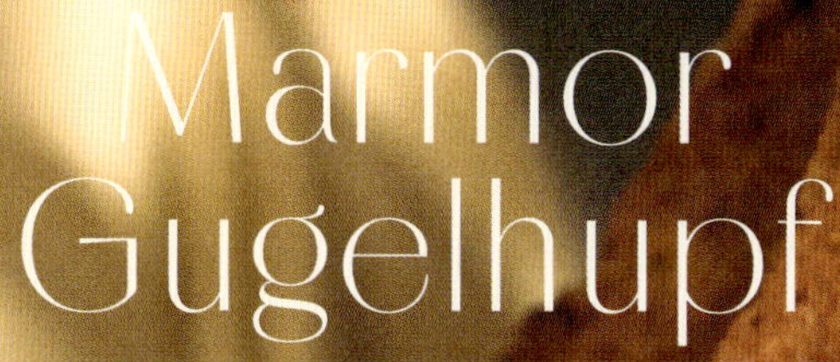

Marmor Gugelhupf

Zutaten

1 Packung Vanillezucker
Schale ½ Zitrone
275 g Butter • 125 g Zucker
175 g Staubzucker
300 g Mehl • 40 g Kakao
6 Eier • 40 g Butter
Mehl für die Form

Zubereitung

Die Butter mit Staubzucker und den Gewürzen schaumig schlagen. Nach und nach die Dotter dazugeben. Dann das Eiklar mit dem restlichen Zucker steif schlagen. Nun die Buttermasse teilen und in die eine Hälfte den gesiebten Kakao einrühren. Den Schnee ebenfalls in zwei Hälften aufteilen und mit dem ebenso geteilten Mehl unter die beiden Teigmassen heben. Nun die beiden Teige abwechselnd in eine ausgebutterte bemehlte Gugelhupfform gießen und bei mittlerer Hitze für 1 Stunde backen.
Stürzen und anzuckern.

68
70
2:00
70
71
167
170
5:00
170
171

Schlosserbuben

Zutaten

1 Masse Backteig
(siehe Grundrezept
ab S. 130)
500 g Dörrpflaumen
100 g Mandeln geschält
Zimtzucker

Zubereitung

Den Backteig nach Grundrezept herstellen.
Dann die Dörrpflaumen mit Mandeln füllen, durch den Backteig ziehen und in heißem Öl herausbacken.
Mit Zimt-Staubzucker bestreuen und servieren.

Biskuitroulade

Zutaten

1 Masse Biskuit
(siehe Grundrezepte
ab S. 130)
1 Glas Marmelade

Zubereitung

Die Dotter mit der Hälfte des Zuckers schaumig schlagen. Das Eiklar mit dem restlichen Zucker zu einem Schnee schlagen und vorsichtig mit dem gesiebten Mehl unter die Dottermasse heben. Auf ein Backpapier geben und verstreichen. Dann bei 200°C ca. 12 Minuten backen. Noch heiß mit Marmelade bestreichen und zusammenrollen.
Mein Tipp: vor dem Rollen vom Papier lösen.

Gebackene Mäuse

Zutaten

½ Masse Germteig
(siehe Grundrezept ab S. 130)
Zimtzucker
Öl zum Backen

Zubereitung

Den Germteig nach Grundrezept herstellen. Der Teig kann ruhig ein bisschen weicher gehalten sein. Öl in einer Pfanne erhitzen. Mit einem Löffel, den man kurz in kaltes Öl getaucht hat, aus dem Teig eiergroße Nocken ausstechen. Diese ins heiße Öl einlegen, goldgelb herausbacken und etwas abtropfen lassen. Dann mit Zimtzucker bestreut, kalt oder warm mit einem Kompott servieren.

Linzertorte

Zutaten

230 g Butter
120 g Staubzucker
120 g Mandeln gemahlen
250 g Mehl
100 g Dotter
1 Packung Vanillezucker
1 Glas Ribiselmarmelade

Zubereitung

Die lauwarme Butter mit Staubzucker und den Gewürzen schaumig schlagen. Dann die Dotter nach und nach einrühren. Das Mehl und die Mandeln unterheben. Danach 2/3 der Masse in einen 22 cm großen Tortenreifen gießen und ca. 120 g Marmelade darauf streichen. Nun mit einem Spritzbeutel mit glatter Tülle ein Gitter darauf spritzen. Bei 180°C für ca. 40 Minuten im Heißluftofen backen.

Buchteln

Zutaten

½ Masse Germteig
(siehe Grundrezepte
ab S. 130)
300 g Powidlmarmelade
50 g Butter
Staubzucker

Zubereitung

Den Germteig herstellen und in ca. 50 g schwere, gleich große Stücke aufteilen. Die Stücke nun zu kleinen Kügelchen formen und dann etwas flachdrücken. Den Powidl auf die Teigstücke setzen und diese einschlagen. Sodann den Teig in flüssiger Butter schwenken und die Buchteln dicht nebeneinander in eine Form setzen. Den Teig nochmals aufgehen lassen und bei 175° ca. 25 Minuten backen. Angezuckert oder mit Vanillesauce servieren.

Böhmische Dalken

Zutaten

250 g Mehl
½ Pack. Trockenhefe
50 g Butter • 50 g Zucker
1/8 l Milch • 2 Eier
1 Prise Salz • 1 Glas Powidl

Zubereitung

Die lauwarme Milch mit der Butter, den Dottern und der Hefe verrühren. Dann das Mehl dazugeben und zum Schluss das mit dem Zucker und einer Prise Salz zum Schnee aufgeschlagene Eiklar unterheben. Danach 15-20 Minuten an einem warmen Ort zugedeckt gehen lassen. Jetzt eine Dalkenpfanne mit Butter ausstreichen und mit einem Esslöffel Teigstücke in die Mulden geben. Leicht anbacken, umdrehen und auf der anderen Seite fertig backen. Je 2 Stück mit Marmelade zusammen füllen , anzuckern und servieren.

Dampfnudeln

Zutaten

500 g Mehl • 100 g Butter
60 g Zucker
1 Pack. Trockenhefe
¼ l Milch • 60 g Dotter
1 Prise Salz
¼ l Milch zum Aufgießen

½ l Vanillesauce
(siehe Rezept Pudding Cremeschnitten S. 56, verlängert)

Zubereitung

Die Zutaten zu einem glatten Germteig verarbeiten und diesen zugedeckt gehen lassen. Danach den Teig noch einmal zusammenschlagen und mit einem Nudelholz ausrollen. Dann mit einem Ausstecher ca. 3cm große Kreise ausstechen. Die Teigreste zusammenkneten und wieder ausstechen. Jetzt die Scheiben in zerlassene Butter tauchen und dicht aneinander in eine Auflaufform setzen. Mit einem Tuch bedecken und noch einmal gehen lassen. Nun im vorgeheizten Backofen bei mittlerer Hitze die Dampfnudeln backen. Sobald sie etwas Farbe bekommen haben, mit warmer Milch übergießen und fertig backen. Mit Vanillesauce servieren.

Apfelstrudel

Zutaten

TEIG
300 g Mehl
20 g Öl • 1 Stück Ei
1 Prise Salz •
125 ml Wasser

FÜLLE
1.5 kg Äpfel nach Saison
300 g Zucker • 300 g Brösel
1 TL Zimt
1 TL Vanillezucker
Schale von 1 Zitrone
100 g Rosinen

Zubereitung

Für den Teig das Mehl, Wasser, Öl und Ei zu einem festen, glatten Teig kneten. Den Teig mit Öl bestreichen und ein halbe Stunde rasten lassen. In der Zwischenzeit Brösel mit Zimt und Vanillezucker goldgelb rösten, dann den Zucker und die geriebene Zitronenschale hinzufügen. Nun die Äpfel schälen, entkernen und blättrig schneiden Den Teig etwas ausrollen, dann über den Handrücken auf ein bemehltes Tuch dünn ausziehen. Die Brösel auf dem Teig verteilen, dann die geschnittenen Äpfel und Rosinen darüber streuen und das Ganze zu einem Strudel einrollen Dann mit flüssiger Butter bestreichen und bei 200°C für ca. 40 min backen.

Grundrezepte

Germteig

Zutaten

500 g Mehl • 100 g Zucker
100 g Butter • 40 g Hefe,
5 g Salz • ¼ l Milch
1 Ei • 3 Dotter
1 Prise Vanillezucker
Schale ½ Zitrone

Zubereitung

Aus Hefe, 4 EL Milch und etwas Mehl ein Dampfl machen. In der Zwischenzeit die restliche Milch mit der Butter, dem Zucker und den Gewürzen erwärmen. Das aufgegangene Dampfl zum Mehl geben, dann das Milchgemisch hinzufügen und alles zu einem glatten Teig kneten. An einen warmen Ort stellen und noch einmal aufgehen lassen. Danach noch einmal zusammenschlagen und das gewünschte Gebäck herstellen. Man kann auch statt frischer Hefe Trockenhefe verwenden.

Backteig

Zutaten

250 g Mehl • 20 g Zucker
20 g Öl • ¼ l Wein
2 Eier

Zubereitung

Wein mit Dotter, Öl und dem Mehl verrühren. Eiklar mit dem restlichen Zucker aufschlagen und unter die Masse heben. Geeignet für Hollunderblüten oder Wiener Wäschermädel (Marillen mit Marzipanen).

Beugelteig

Zutaten

300 g Mehl • 120 g Butter
50 g Zucker
½ Packerl Trockenhefe
4 cl Milch • 2 Dotter
Schale ½ Zitrone
1 Prise Salz

Zubereitung

In der Küchenmaschine alle Zutaten zu einem glatten Teig kneten. Zugedeckt ½ Stunde rasten lassen. Wenn der Teig zu trocken ist, noch etwas Milch dazugeben. Danach an einem warmen Ort gehen lassen.

Brandteig

Zutaten

200 g Mehl • 60 g Butter
¼ l Wasser • 4 Eier
1 Prise Salz

Zubereitung

Wasser mit Butter aufkochen. Dann das Mehl einrühren, unter ständigem Umrühren einkochen und anrösten, bis sich die Masse vom Topf löst. Danach in die noch heiße Masse die Eier langsam einarbeiten. Mit einem Spritzsack und einer Tülle das gewünschte Gebäck dressieren.

Topfenteig für Knödel und Nockerl

Zutaten

250 g Topfen
120 g Mehl griffig
50 g Grieß • 40 g Butter
40 g Dotter • 1 Prise Salz
Schale ½ Zitrone
120 g Brösel • 40 g Butter

Zubereitung

Butter und Gewürze schaumig schlagen, danach die restlichen Zutaten hinzufügen und zu einem Teig verarbeiten. Den Teig 20 Minuten rasten lassen. Aus dem Teig 8-10 Stück Knödel formen. In einem Topf 2 l Wasser mit etwas Salz zum Kochen bringen. Die Knödel einlegen und vorsichtig ziehen lassen. In der Zwischenzeit Brösel mit Butter in einer Pfanne anrösten und die abgeseihten Knödel in den Bröseln wälzen.

Sandmasse

Zutaten

250 g Butter
250 g Mehl • 250 g Zucker
5 Eier • 1 Prise Backpulver
1 Prise Salz
Schale ½ Zitrone

Zubereitung

Weiche Butter mit der Hälfte des Zuckers und den Gewürzen schaumig schlagen. Nach und nach den Dotter einrühren. Nun das Eiklar mit dem restlichen Zucker steif schlagen und vorsichtig mit dem gesiebten Mehl unter die Buttermasse heben. In eine Form füllen und bei 180°C ca. 45 Minuten mit Heißluft backen.

MEINL'S
POWIDL
Josef Haslinger

Blätterteig

Zutaten

500 g Butter • 500 g Mehl
¼ l Wasser • 1 Ei
1 Prise Salz
1 EL Rum

Zubereitung

Die Butter mit 100g Mehl kneten und zu einem Ziegel formen. Für den Vorteig das restliches Mehl mit Wasser, Ei, Salz und Rum zu einem Teig kneten. Diesen zu einer Kugel formen und kreuzförmig einschneiden. Danach unter einem Tuch ½ Stunde lang rasten lassen. Den Teig nun etwas ausrollen, den Butterziegel einlegen und mit den Ecken einschlagen. Dann tourieren. Das heißt: 2 einfache Touren, 2 doppelte Touren. Zwischen den Touren immer in den Kühlschrank geben, damit die Butter immer wieder kühlen kann.
Mein Tipp: Zum Aufbewahren des Teiges im Tiefkühlfach vorher ausrollen und in Folie einpacken. Erst kurz vor der Verwendung auftauen.

Kartoffelteig für Knödel und Tascherl

Zutaten

400 g Kartoffeln mehlig
120 g Mehl • 50 g Grieß
50 g Butter • 2 Dotter
1 Prise Salz

Zubereitung

Gekochte und geschälte Kartoffeln noch heiß durch ein feines Sieb (Kartoffelpresse) drücken. Nach dem auskühlen die restlichen Zutaten beimengen und alles zu einem glatten Teig kneten. Vor der Weiterverarbeitung im Kühlschrank kühlen.

Mürbteig

Zutaten

300 g Mehl • 200 g Butter
100 g Staubzucker
1 Ei • Salz
1 Prise Vanillezucker

Zubereitung

Alle Zutaten rasch zu einem glatten Teig verarbeiten. Es ist wichtig, dass die Butter bei der Verarbeitung direkt aus dem Kühlschrank kommt und noch sehr kalt ist. Den Teig vor der Weiterverarbeitung ½ Stunde im Kühlschrank rasten lassen.

Plunderteig

Zutaten

400 g Mehl • 90 g Zucker
80 g Butter
½ Packung Trockengerm
1 Prise Salz • 1/8 l Milch
Wasser nach Bedarf
1 Ei • 20 g Dotter

200 g Butterziegel
50 g Mehl

Zubereitung

Alle Zutaten zu einem glatten Teig verarbeiten. Den Teig zugedeckt rasten lassen. Dann 200 g Butter mit Mehl zusammen kneten. Einen Ziegel von ca. 10x15 cm formen und kaltstellen. Den Teig nun mit einem Nudelholz etwas ausrollen, den Ziegel in die Mitte setzen und mit dem Teig abdecken. Nun den ganzen Teig ca. 2 cm dick ausrollen und dann 2x zusammenschlagen. Das Mehl muss gut abgekehrt sein. Den Teig im Kühlschrank mit einem feuchten Tuch etwa eine Stunde rasten lassen. Den gleichen Vorgang der einfachen Tour wiederholt man noch 2 Mal. Der Teig soll zwischen den Touren immer eine Zeit lang rasten. Nach der letzten Tour und einer Rastzeit kann der Teig schließlich zum Gebäck weiterverarbeitet werden.

Salzburger Nockerln

Zutaten

30 g Zucker
15 g Mehl • 3 Eier
½ Packerl Vanillezucker
1 EL Butter
Staubzucker zum Bestreuen
Preiselbeerkompott
nach Belieben

Zubereitung

Eine ovale Auflaufform mit Butter ausstreichen. Eiklar mit Zucker cremig schlagen. Dotter ein bisschen verrühren und mit dem Mehl vorsichtig unter den Schnee heben. Wer mag, kann auch gerne Preiselbeerkompott unter die Masse heben. Drei gleich große Nocken formen und in die Auflaufform setzten. Bei 200° C Ober-und Unterhitze 5-7 Minuten lang backen. Aus dem Rohr nehmen mit Zucker bestreuen und servieren.

Schokolademousse

Zutaten

½ l Obers
200 g Schokolade 55%
iSi-Syphon-Flasche
2 Stück Stickstoff-Patronen

Zubereitung

Die Hälfte des Obers aufkochen, Schokolade dazugeben und glatt rühren. Restliches Obers dazugeben, vermischen und in eine iSi-Flasche (Sahnespender) füllen. Die Flasche verschließen, eine Patrone einfüllen und in den Kühlschrank stellen. Vor dem Servieren die zweite Patrone dazugeben und gut schütteln. Das Mousse kann man in Gläser sprühen und mit Früchten garnieren .

Biskuit

Zutaten

6 Eier
175 g Zucker
175 g Mehl

Zubereitung

Eier mit Zucker schaumig schlagen, bis die Masse eine helle Färbung hat. Das Mehl sieben und vorsichtig unterheben. Je nach Verwendungszweck in die vorbereitete Form füllen oder auf ein Blech mit Papierstreichen und backen. Am Blech bei 190°C ca. 14 Minuten, in einer Tortenform bei 170°C ca. 35 Minuten mit Heißluft backen. Vanillezucker, Zitrone oder Salz je nach Belieben dazugeben.

Kakao-Biskuit

Zutaten

6 Eier • 175 g Zucker
170 g Mehl • 40 g Kakao
20 g Öl

Zubereitung

Eier mit Zucker schaumig schlagen. Den Kakao mit Öl abrühren und dazugeben. Dann das Mehl sieben und unter die Masse heben. Im vorgeheizten Backofen bei mittlerer Hitze in einem Tortenreifen ca. 45Minuten backen.

Register

GRUNDREZEPTE

Sabine Hauswirth

Die Fotos der Künstlerin Sabine Hauswirth
sind in Museen und privaten Sammlungen zu finden.
Ihr visueller Blick auf die Menschen ist direkt und authentisch.
Sie hat den künstlerischen Anspruch, das Individuelle der
Protagonisten mit der Zufälligkeit des Moments zu verbinden.
Ihre Arbeiten wurden in Einzelausstellungen, in Galerien
im In- und Ausland und im Öffentlichen Raum präsentiert.
Durch ihr Naheverhältnis zu Künstlerinnen und Künstlern
unterschiedlicher Genres entstanden ausdrucks-
starke Porträts und Projekte, veröffentlicht
in zahlreichen Publikationen.

Danke an:

Meinl am Graben, Andrea Hofbauer, Alexa Krenauer,
Daniela Auer, Gaby Haberler, Lobmeyr, Nikon

Konzept:

Josef Haslinger, Sabine Hauswirth, Jacek Malinowski